Hauskauf für Einsteiger

Mit den optimalen Strategien
Schritt für Schritt von der richtigen Kaufentscheidung über die
günstigste Baufinanzierung bis
hin zur reibungslosen Übergabe

Thomas Jung

⌂ INHALT

Was erwartet Sie?

Warum das eine enorm wichtige Entscheidung ist, also die Frage, ob Sie weiter Miete zahlen wollen oder sollten, wird als erstes Thema in diesem Ratgeber kurz zu betrachten sein. Sie treffen damit eine wichtige Entscheidung für Ihre Zukunft und vor allem für Ihre Altersvorsorge.

Da Sie sich für dieses Buch interessieren, gehe ich aber davon aus, dass Sie sich letztlich für Wohneigentum entschieden haben. Aber auch, dass Ihnen durchaus bewusst ist, dass dies nur der Anfang eines langen Weges ist, auf den ich Sie gerne vorbereiten möchte. Es wird viele Fragen geben, die zu beantworten sind, und Entscheidungen, die getroffen werden müssen. Das beginnt bei der Wahl des richtigen Standortes für Ihr neues Heim, bei dem Typ und der Größe des Hauses und in diesem Zusammenhang geht es auch um die Frage, „Wie viel Haus kann ich mir leisten?".

Wenn diese Fragen beantwortet sind, gilt es, ein geeignetes Objekt zu finden. Ich werde Ihnen die vielfältigen Möglichkeiten nennen, ein geeignetes Objekt zu finden, und auch deren Vor- und Nachteile aufzeigen. Und ich möchte Ihnen ein paar Tipps an die Hand geben, die Sie unbedingt beachten sollten, um möglichst zu vermeiden, aus dem *Traum vom Haus* einen *Albtraum* werden zu lassen.

Und natürlich wird es auch um das ganz wichtige Thema der Finanzierung gehen, also um die Frage, welche Formen der Finanzierung es gibt, welche für Sie unter welchen Voraussetzungen die günstigste ist und was darüber hinaus zu beachten und wichtig ist. Leider gibt es hier einige Fallstricke, die es zu vermeiden gilt.

Und zu guter Letzt gibt es noch ein paar Tipps für die Besichtigung der potenziellen Objekte und darüber, wie die Kaufabwicklung und die Übergabe des Objektes ablaufen.

Lassen Sie sich von mir Schritt für Schritt auf dem Weg zu den eigenen 4 Wänden begleiten und Ihnen einige Tipps und Hinweise an die Hand geben, um dieses Unterfangen erfolgreich zu meistern.

Kaufen oder Mieten?

Zunächst möchte ich mit einem, leider, sehr verbreiteten Mythos aufräumen:

Bitte glauben Sie keinem Verkäufer oder Makler, der Ihnen einreden will, das Kauf immer besser als Miete ist. Diese Aussage ist schlicht und einfach Unsinn!

O b es für Sie besser ist, weiter zur Miete zu wohnen oder den Schritt zum Immobilien-erwerb in Betracht zu ziehen, hängt von vielen Faktoren ab. Diese können, wie zum Beispiel bei der Betrachtung des aktuellen Zinsniveaus, in reinen und nüchternen Zahlen dargestellt werden. Bei anderen handelt es sich um, lassen Sie es mich so ausdrücken, emotionale Faktoren. Es genügt also nicht, Ihre aktuelle Mietbelastung mit der Höhe einer möglichen Finanzierungsrate zu vergleichen, wenngleich auch das natürlich einen nicht unwichtigen Aspekt darstellt. Wichtig bei all diesen Überlegungen ist, dass sie nicht eine kurzfristige, sondern vielmehr eine langfristige Betrachtung aller Vor- und Nachteile sowie all Ihrer persönlichen Befindlichkeiten und Lebensumstände berücksichtigen.

Betrachten wir doch zunächst einmal die nüchternen Zahlen und beginnen mit den Immobilienpreisen. Diese haben sich zwischen 2010 und 2018, bitte nicht erschrecken, nahezu verdoppelt! Dies lässt natürlich die Chancen, ein Schnäppchen auf dem Immobilienmarkt zu ergattern, erheblich schwinden. Zudem muss man auch, so komisch es klingen mag, schon vor dem Kauf an die Möglichkeit denken, dass irgendwann ein Verkauf der Immobilie nötig wird. Wenn dann, was durchaus im Bereich des Möglichen liegt, die Immobilienpreise stark gesunken sind, droht ein, im Zweifel, erheblicher finanzieller Verlust. Schon jetzt warnen Experten vor dem sogenannten Platzen einer Immobilienblase. Davon spricht man, wenn die Preise derart in die Höhe geschossen sind, dass dem geforderten Preis kein wirklicher realer Wert gegenübersteht, was in erster

Linie in einem extrem geringen Angebot bei einer extrem hohen Nachfrage begründet liegt. Die Gefahr besteht dabei darin, dass sich Interessenten von Immobilien möglicherweise auf ein finanzielles Abenteuer einlassen, also eine Immobilie erwerben, deren Finanzierung „mit heißer Nadel gestrickt", deutlicher gesagt, einfach unseriös ist. Leider kommen Banken nicht in jedem Fall ihrer Aufklärungs- und Sorgfaltspflicht im geforderten und nötigen Maß nach.

Es kann also eine gute Entscheidung sein, eventuell auf sinkende Preise zu warten. Auch wenn sich dann die Zinsen für entsprechende Darlehen erhöht haben sollten, so kann dennoch am Ende ein günstigeres und vor allem realistischeres Verhältnis zwischen dem tatsächlichen Wert und dem nötigen finanziellen Aufwand bestehen. Sie vermeiden so unter Umständen das Worst-Case-Szenario, nämlich die Erkenntnis, dass Sie Ihr Darlehen nicht mehr bedienen können, Sie so also zum Verkauf gezwungen sind, und das im schlimmsten Fall über den Weg einer Zwangsversteigerung. Dieses Szenario und den damit einhergehenden finanziellen Verlust gilt es, in jedem Fall zu verhindern!

Auch der simple Vergleich zwischen der momentanen Mietzahlung und der Darlehenssumme, die monatlich zu zahlen ist, entpuppt sich bei näherer Betrachtung letztendlich als „Milchmädchenrechnung". Warum, werden Sie fragen, und ich möchte es Ihnen gerne verraten. In Ihrer monatlichen Mietzahlung sind, neben der reinen Nettomiete, auch alle Nebenkosten bereits enthalten. Alle Posten wie Versicherung, Grundsteuer, Wasser und v. a. sonstige anfallende Kosten zahlen Sie mit Ihrer monatlichen Warmmiete anteilig an Ihren Vermieter. Als Immobilienbesitzer zahlen Sie all diese Kosten jedoch selbst, und das natürlich neben der monatlichen Rate für das Darlehen.

Wenn Sie also schon einen Vergleich anstellen wollen, dann bitte nur zwischen der reinen Nettomiete (ohne kalte und warme Nebenkosten) und Ihrer monatlichen Darlehensrate. Aber auch wenn dieser Vergleich anzeigt, dass die monatliche Rate unter Berücksichtigung der daneben anfallenden Kosten durchaus erschwinglich und seriös finanzierbar ist, so ist auch das nur die halbe Wahrheit. Denn darüber hinaus müssen – ja, müssen und nicht etwa sollten – Sie Rücklagen für auftretende Reparaturen und für andere, nicht geplante Unwägbarkeiten bilden. In welcher Höhe Sie eine solche Rücklage vorhalten sollten, wird später in diesem Ratgeber noch einmal genau zu thematisieren sein.

Verlassen wir nun den Bereichen der nackten Zahlen und Fakten und wenden wir uns dem eher gefühlsbestimmten Bereich der Entscheidung, zu kaufen oder zu mieten, zu. Zunächst gibt es auch hier ganz nüchterne Faktoren, die zu bedenken sind. Das ist die ganz einfache Frage, inwieweit Sie heimatbehaftet sind oder vielleicht auch sein können. Sind Sie zum Beispiel in einer beruflichen Situation, in der Sie jederzeit in eine andere Stadt oder gar in ein anderes Land versetzt werden könnten? Dann ist von Wohneigentum eher abzuraten, denn ständige Kosten für das Pendeln zwischen Wohn- und Arbeitsort gehen sehr schnell an die finanzielle Basis oder, anders gesagt, im Zweifel an die Basis der Finanzierung. Wenn ein neuer Arbeitsplatz ansteht, dann kann gegebenenfalls eine zeitweilige Vermietung in Betracht gezogen werden, aber dabei lauern wiederum so einige Tücken und Gefahren. Zumindest brauchen Sie da jemanden, der sich zuverlässig um Ihre Immobilie kümmert, denn auch, wenn Sie nicht da sind, fallen immer Arbeiten an, die erledigt werden wollen. Eine andere Möglichkeit wäre natürlich der Verkauf der Immobilie. Dieser ist jedoch fast immer, um nicht zu sagen in aller Regel, mit einem finanziellen Verlust verbunden – dies besonders, wenn der Verkauf während der ersten 10 Jahre passiert, denn dann schlagen besonders die getätigten Anschaffungskosten zu Buche. Aber auch die Kurzfristigkeit, mit der der Verkauf dann in aller Regel über die Bühne gehen soll, ist nicht gerade förderlich für den zu erzielenden Preis.

Ein weiterer Faktor für eine Entscheidung Pro oder Kontra Hauskauf ist ein eher persönlicher, also individueller. Fragen Sie sich, welcher Wohntyp Sie sind. Ich sage es einmal ganz einfach: Als Mieter müssen Sie sich in aller Regel um nichts wirklich selbst kümmern. Wenn etwas nicht funktioniert, also schlicht gesagt, sollte eine Havarie eintreten, so genügt ein Anruf beim Verwalter oder Eigentümer und der Schaden wird, so sollte es zumindest sein, behoben. Auch um die Pflege der Außenanlagen und den Winterdienst müssen Sie sich nicht kümmern. All diese Dinge werden von einem Hausmeister bzw. Winterdienst, natürlich gegen Zahlung über die

Nebenkosten, erledigt. Wohnen Sie in den eigenen vier Wänden, sparen Sie sich zwar diese Ausgaben, allerdings müssen Sie sich auch selbst um all diese Dinge kümmern. Und sofern Sie nicht gerade ein Allroundtalent besitzen, um Schäden an z. B. der Heizung oder Elektrik selbst zu beheben, entstehen schnell hohe Kosten, die obendrein zumeist nicht aufgeschoben werden können. Wenn Sie also, verzeihen Sie mir bitte den Begriff, zwei linke Hände haben, dann sollten Sie dies bei der Höhe der Instandhaltungsrücklage bedenken und diese entsprechend hoch ansetzen.

Wo wollen Sie künftig wohnen?

Nun soll es zunächst um die Frage gehen, wo Sie sich Ihr neues Heim vorstellen können. Bedenken Sie bitte, dies ist eine Entscheidung für eine sehr lange Zeit, idealerweise eine für das ganze Leben. Anders als bei einer Mietwohnung können Sie ja nicht einfach so einmal umziehen, so ein Haus nimmt sich sehr schwer mit. Und sicher wollen Sie sich nicht schon bald nach dem Einzug mit einem Verkauf des Objektes und mit der neuerlichen Suche nach einem anderen Objekt beschäftigen müssen. Also sollten Sie sich gut überlegen, wo es hingehen soll, soll es idyllisch auf dem Land oder zumindest im ländlichen Randbezirk der Stadt sein? Zumindest für Familien mit Kindern ist das ja eine schöne Vorstellung.

Folgende Fragen sollten dabei unbedingt bedacht werden:

• Gibt es in der Nähe Einkaufsmöglichkeiten oder müssen Sie dafür weite Wege mit dem Auto zurücklegen?
• Welche Einrichtungen für Ihre Kinder befinden sich in der Nähe (Kita, Schule, Hort)?
• Wie ist die Versorgung mit medizinischen Einrichtungen in überschaubarer Nähe?
• Welches Angebot an ÖPNV ist vorhanden?

Wenn Sie mit dem Leben in ländlichen Gemeinden und der sicherlich nicht ganz so optimalen Infrastruktur leben können, dann gibt es einen großen Vorteil – sowohl Häuser als auch Grundstücke bekommen Sie hier sicherlich günstiger als in

Stadtnähe oder gar unmittelbar in der Stadt. Bei den Objekten im sogenannten „Speckgürtel", also den in Randbezirken einer Stadt, ist die Versorgung mit Infrastruktur natürlich schon wesentlich besser, allerdings werden Sie dann auch feststellen, das sich die Immobilienpreise schnell in ganz anderen Regionen bewegen, die Unterschiede können schon einmal sehr erheblich sein. Allerdings gilt es auch, zu bedenken, dass jedes seine Vor- und Nachteile mit sich bringt – geringeren Preisen in ländlichen Gegenden stehen höhere Kosten für Fahrten zu den notwendigen Besorgungen gegenüber.

Es gilt also, sehr gründlich abzuwägen. Zu Grundstückskosten oder den Preisen für bestehende Objekte können Sie sich umfangreich informieren, sowohl bei den Gemeinden über die ortsüblichen Grundstückswerte als auch bei diversen Informationsquellen wie auf Immobilienportalen, wenn es um bestehende Objekte geht. Darüber hinaus besteht auch die Möglichkeit, sich bei Immobilienmaklern oder Banken über angebotene Objekte zu informieren, zunächst natürlich unverbindlich. Interessant in diesem Zusammenhang ist besonders auch eine Nachfrage bei Ihrer Hausbank. Bei dieser

Gelegenheit können Sie sich auch einmal - bitte auch wieder unbedingt als unverbindliche und „beiläufige" Frage – darüber informieren, inwieweit Ihnen Ihre Bank eine Immobilie finanzieren würde. Glauben Sie mir, Sie werden Ihren Bankberater selten mit so offenen Ohren erleben.

Wenn Sie über ein Objekt in der Stadt nachdenken, sollten Sie sich – leider – über die inzwischen extrem hohen Preise für Grundstücke und Häuser bewusst sein und auch über die Tatsache, dass es da, anders als in ländlichen Gegenden, nicht ganz so privat zugeht. Da kann der Nachbar schon einmal direkt mit einem Glas Wein mit Ihnen anstoßen, ohne mehr als einen Schritt auf der Terrasse gehen zu müssen. Das sollte man schon mögen! Auf das Thema Nachbarschaft werde ich in einem anderen Kapitel auch noch einmal zurückkommen.

Darüber hinaus wäre vielleicht noch einmal eine kleine Überlegung sinnvoll, wie denn das Haus so aussehen soll. Soll es eher ein Bungalow werden, man will ja später nicht noch einen Treppenlift anschaffen müssen, oder vielleicht ja doch so ein schickes Häuschen mit Giebel und kleinen Dachfenstern? Ach ja, soll es denn ein Neu- oder ein Altbau sein? Die Geschmäcker sind verschieden und das ist ja auch gut so. Nur bitte werden Sie sich darüber im Voraus klar, es erleichtert die Suche nach einer passenden Immobilie ungemein. Bitte glauben Sie mir, ohne diese Klarheit werden Sie bei der Suche nach einem passenden Objekt nicht auskommen!

Zu guter Letzt noch eine Option, die ich bisher noch gar nicht angesprochen habe: den Kauf eines Hauses über eine Hausbaufirma, also ein völliger Neubau nach – idealerweise – Ihren Vorstellungen. Allerdings müssen Sie auch da auf die Suche gehen – auf die nach einem Grundstück - und sich für einen bestimmten Standort entscheiden. Hier gilt es, besonders darauf zu achten, eine seriöse und erfahrene Firma zu finden, hier können Sie nämlich wirklich einen bösen Schiffbruch erleiden und, im schlimmsten Fall, sehr viel Geld verlieren. Bitte kontaktieren Sie dazu die örtlichen Handwerkskammern oder die IHK. Beide Institutionen kennen die Firmen in Ihrem Umfeld genau und sie kennen auch die schwarzen Schafe. Bevor Sie sich für eine Firma entscheiden und einen Vertrag unterschreiben, empfehle ich eine Recherche im Internet und eventuell die Überprüfung des Vertrages durch einen (Fach)Anwalt. Und falls Sie einen Altbau in Ihr Herz geschlossen haben, kann auch da vielleicht die Handwerkskammer helfen, das eine oder andere Mitglied dieser Innung kennt vielleicht das Objekt und kann Hinweise oder Warnungen geben.

Bei so einem Altbau kann sich auch die Hinzuziehung eines Bausachverständigen als sinnvoll erweisen. Natürlich bringt auch das zusätzliche Kosten mit sich, die jedoch im Zweifelsfall böse Überraschungen nach dem Kauf und Einzug in Ihr neues Heim verhindern können. Bedenken Sie bitte, Sie als Laie werden Gebäudeschäden wie Hausschwamm, Schimmel oder Schädlingsbefall leider nicht unbedingt erkennen können, ein Fachmann aber schon. Natürlich besteht auch nach dem Kauf die Möglichkeit der Regressforderung gegen den Verkäufer und im schlimmsten Fall eine Rückabwicklung des Kaufes. All dies ist jedoch mit einem nicht unerheblichen Aufwand und in aller Regel mit hohen Kosten verbunden, besonders dann, wenn das Ganze am Ende noch vor Gericht landet. Wenn Sie planen, größere Umbauten an dem Objekt vorzunehmen, ist auch die Beauftragung eines Architekten eine durchaus sinnvolle Überlegung. Er ist in der Lage, die baulichen

Möglichkeiten zu eventuellen Umbauten zu erkennen, kann Ihnen, auch ohne konkrete Kostenvoranschläge, einen ungefähren Überblick über die zu erwartenden Kosten geben und gegebenenfalls dann auch die Überwachung und Begleitung der anstehenden Arbeiten übernehmen. Sie werden diese Unterstützung sehr schnell zu schätzen wissen, besonders bei Unstimmigkeiten und Ärger mit den ausführenden Firmen.

> **Ein wichtiger Hinweis:**
> Bitte lesen Sie meine Tipps im Kapitel „Besichtigung" und beherzigen Sie diese, Vorbeugung ist allemal besser, als Gerichte und Anwälte mit Geld zu versorgen!

Abschließend bleibt jedoch festzustellen, dass seit etwa 2018 mit dem stetigen Absinken der Zinsen auf Sparguthaben und auf nahezu alle Anlageformen für Sparen und Altersvorsorge der Begriff des „Betongoldes" eine Renaissance erlebt und geradezu einen Run auf Immobilienangebote ausgelöst hat. Dies führt naturgemäß nicht nur zu einer Verknappung der am Markt angebotenen Objekte, sondern, nach den Marktgesetzen von Angebot und Nachfrage, natürlich auch zu sehr stark angestiegenen Preisen. In diesem Zusammenhang kann ich nur dringend dazu raten, sich davon nicht treiben zu lassen. Suchen Sie in aller Ruhe nach einem geeigneten Objekt, das zu einem normal darstellbaren Preis angeboten wird. Machen Sie bitte nicht den Fehler, unbedingt jetzt und „auf Teufel komm raus" ein Haus zu kaufen, das nicht Ihren Vorstellungen entspricht oder schlicht völlig überteuert ist. Glauben Sie mir, Sie werden es nach gar nicht allzu langer Zeit bereuen und keinen rechten Spaß mehr an Ihren eigenen 4 Wänden haben. Und ich glaube, Sie geben mir recht, wenn ich sage, dass dies nicht in Ihrem Sinn sein kann.

Bitte tun Sie sich selbst einen Gefallen: Überstürzen Sie nichts und bewahren Sie lieber Geduld, damit Sie später Ihre Entscheidung nicht bereuen!

Wie viel Haus kann ich mir leisten?

Kommen wir nun zum leidigen Thema Geld, also konkret zu der Frage, wie es um Ihr Budget bestellt ist. Hier bedarf es absoluter Ehrlichkeit zu sich selbst. Sie werden vielleicht zwischendurch, insbesondere, wenn ein bestimmtes Objekt Sie besonders „anlacht", in die Versuchung geraten, Ihre finanziellen Möglichkeiten bis an den Rand des Möglichen oder womöglich darüber hinaus auszureizen. Glauben Sie mir bitte, wenn ich Ihnen sage, dass Sie das schnell bereuen würden. Die Freude am eigenen Heim wird schnell getrübt, wenn finanzielle Sorgen drücken und im schlimmsten Fall die Finanzierung ins Wanken gerät oder womöglich gänzlich zusammenbricht.

Schauen wir zunächst einmal, wie viel Ihres monatlichen Einkommens Sie für die Finanzierung Ihrer eigenen 4 Wände sinnvollerweise aufwenden sollten, ohne Gefahr zu laufen, in finanzielle Schwierigkeiten zu geraten. Grundsätzlich können Sie die gleichen Maßstäbe anwenden, die auch für eine Mietwohnung gelten. Es sollte also nicht mehr als etwa ein Drittel Ihrer monatlichen Einkünfte für die Finanzierung aufgewendet werden! Bedenken Sie dabei, das zu den reinen Finanzierungskosten noch die kalten und warmen Nebenkosten kommen, also Heizung, Wasser, Müllabfuhr, Strom und Ähnliches. Darüber hinaus sollte auch eine ausreichende Reserve vorhanden sein, um eventuelle, plötzlich auftretende Schäden oder Havarien am oder im Haus sofort beheben lassen zu können. Sollte diese Reserve im Vorfeld nicht vorhanden sein, sollten Sie unbedingt eine solche Rücklage durch monatliche Einzahlungen aufbauen. Experten raten zu einer monatlichen Ansparung von 1 Euro je m^2, bei älteren Häusern (ab ca. 10 Jahren) eher 2 Euro je m^2.

Bedenken Sie bitte immer, es würde sicher schwierig werden, bei einer Bank einen zusätzlichen Kredit zu bekommen, um eine notwendige Reparatur ausführen zu lassen. Zudem würde das unter Umständen Ihren finanziellen Rahmen sprengen und Sie in ernsthafte Schwierigkeiten bringen.

> **Wichtig:**
> Richten Sie für die Rücklage unbedingt ein separates Konto ein, so behalten Sie stets den Überblick und kommen nicht in Versuchung, es nebenbei auszugeben!

Setzen Sie sich also im Vorfeld ein konkretes und realistisches Limit für den maximalen Kaufpreis Ihrer Immobilie, und – wichtig – beziehen Sie auch eventuelle Um- und Ausbauten in diese Berechnung mit ein, falls Sie den Kauf eines Altbaus in Erwägung ziehen. Warum das nicht nur im Hinblick auf die maximal mögliche Belastung wichtig ist, werden Sie u. a. im nächsten Kapitel erfahren. Bedenken Sie bitte bei der Festlegung des maximalen Kaufpreises auch die Tatsache, dass Ihr Leben nicht unbedingt nur positive Überraschungen bereit halten kann

(Arbeitslosigkeit, längere Krankheit u. Ä.), und überlegen Sie, ob, wie und auch wie lange Sie diese gegebenenfalls eine Zeit lang überbrücken könnten. Welche Absicherungen Sie dazu ganz konkret nutzen können, erfahren Sie im Einzelnen im Kapitel „Finanzierung". Zu guter Letzt erlauben Sie mir bitte noch diesen Hinweis:

Wie ich bereits dargelegt habe, finden Sie Objekte im ländlichen Raum oder am Stadtrand zu wesentlich günstigeren Preisen als in der Stadt. Sie sollten jedoch bedenken, dass Sie unter Umständen z. B. zwei Fahrzeuge benötigen, um an Ihre Arbeitsstellen zu kommen. Eine unerwartete Autoreparatur muss somit unbedingt sofort in Auftrag gegeben werden, um nur einen Kostenpunkt zu nennen, der den günstigen Kaufpreis sehr schnell ins Gegenteil verkehren kann. Dies sage ich auch aus der Beobachtung heraus, dass sich in städtischen oder Stadtrandlagen kaum oder gar keine bezahlbaren Objekte oder auch Baugrundstücke mehr finden lassen. Nicht wenige Interessenten erwägen daher, die Suche nach einem bezahlbaren Objekt auf ländliche Regionen oder auf solche in kleinstädtischen Gemeinden auszuweiten. Sicher kann das eine Option sein, wenn man sich damit auch wirklich anfreunden kann und es nicht nur eine Notlösung ist, denn, noch einmal der Hinweis, Sie erwägen eine Entscheidung, die Auswirkungen weit in die Zukunft hat.

Wenn Sie sich unter Beachtung und Einhaltung all dieser Hinweise für ein Kaufpreislimit entschieden haben, ist es dann langsam an der Zeit, sich auf die Suche nach einer passenden Immobilie zu begeben.

Wo finde ich ein passendes Haus?

Lassen Sie mich nun zu den vielfältigen Möglichkeiten kommen, die sich Ihnen bieten, um ein geeignetes Objekt zu finden. Sie werden sicher die eine oder andere bereits kennen, da bin ich mir sicher. Aber sie werden auch erstaunt sein, die eine oder andere Option kennenlernen, die Sie so ganz sicher noch nicht wirklich auf dem Schirm hatten oder sich so gar nicht vorstellen konnten. Zu allen Möglichkeiten werde ich Ihnen gerne die jeweiligen Vorteile aufzeigen, aber natürlich auch die eventuellen Nachteile und was bei jeder dieser Varianten unbedingt zu beachten ist. Ich werde mich diesem Thema ein bisschen umfangreicher widmen, denn seien wir einmal ehrlich, was nützt Ihnen die beste Finanzierung, wenn Sie kein passendes Objekt finden?

Kommen wir zunächst zu einer der sicher auch für Sie offensichtlichsten Möglichkeiten: diverse Immobilienportale wie Immowelt, Immonet oder Immobilienscout24, um nur einige zu nennen. Eine Eingabe wie „Immobiliensuche" oder „Immobilienangebote" in der Suchmaschine wird Ihnen da zahlreiche Ergebnisse bringen. An dieser Stelle komme ich gerne noch einmal auf die beiden vorigen Kapitel zurück, denn Ihre Entscheidungen zur Art des gewünschten Objektes und die Festlegung auf einen maximalen Kaufpreis werden sich jetzt als nützlich erweisen. Sie können mithilfe Ihrer Festlegungen des maximalen Kaufpreises und der Art des bevorzugten Objekttyps eine Auswahl treffen, um nicht relevante Ergebnisse ausfiltern zu lassen und sich nicht durch endlose Treffer wühlen zu müssen, die für Sie gänzlich uninteressant sind. Es nützt Ihnen ja nichts, Angebote zu finden, die Ihren finanziellen Rahmen sprengen und Sie nur von Objekten träumen lassen würden, die außerhalb Ihrer Möglichkeiten liegen. Zusätzlich lassen sich in diesen Auswahlmenüs auch Einschränkungen zum Standort treffen und so eine wirklich auf Ihre Vorgaben ausgerichtete Auswahl anzeigen lassen.

Sicher wird auch diese Auswahl (außerhalb von Zeiten der Angebotsknappheit) noch riesig erscheinen, weshalb Sie sie in der Auswahlmaske ebenso genau wie möglich eingrenzen sollten (zum Beispiel eine möglichst eingegrenzte „von – bis"-Spanne), sofern diese Möglichkeit auf der Plattform angeboten wird. Sie werden auf diesen Portalen sowohl gewerbliche Angebote, z. B. von Immobilienfirmen oder Maklern, als auch solche von privaten Anbietern finden. Auf seriösen Portalen wie den von mir oben beispielhaft genannten werden Sie sofort erkennen können, ob es sich um einen privaten oder gewerblichen Anbieter handelt.

Darüber hinaus werden Sie dort auch Angebote aus (Zwangs-) Versteigerungen finden. Auch dies kann durchaus eine interessante Möglichkeit sein, ein passendes Objekt zu finden. Allerdings sollten da einige Dinge beachtet werden und bestimmte Voraussetzungen gegeben sein. Ich werde, da es sich dabei um eine spezielle Variante des Hauskaufs handelt, später noch detaillierter darauf eingehen. Zunächst nur so viel: Dies kann eine gute Möglichkeit sein, ein passendes Objekt zu einem ansprechenden Kaufpreis zu erwerben.

Neben den eben beschriebenen Internetportalen kann sich noch der Blick auf eine ganz andere Internetplattform lohnen – eBay Kleinanzeigen, ja, Sie haben richtig gelesen, auch auf eBay Kleinanzeigen werden Sie Immobilienangebote finden, übrigens auch Bausachverständige oder Architekten. Anders als auf Plattformen wie Immowelt etc. ist hier jedoch nicht sofort ersichtlich, ob es sich um Privatpersonen oder Firmen als Inserent handelt, Sie müssen sich da wohl leider durch die Anzeigen klicken, die Ihnen interessant erscheinen, hier habe ich leider keinen Trick parat, mit dem sich das umgehen ließe. Ob es sich jedoch bei den Anbietern um Privatpersonen oder Firmen handelt, Sie sollten auf dieser Plattform besonders umsichtig vorgehen, da es hier, wie Sie vielleicht schon wissen, kaum Sicherheitsmechanismen gibt, um Sie zu schützen. Ich möchte Sie trotzdem ermutigen, sich dort einmal umzuschauen, es könnte sich für Sie lohnen.

Die beiden bisher genannten Möglichkeiten sind, wie Sie sich sicher vorstellen können, recht zeitintensiv, sie haben aber einen ganz erheblichen Vorteil: sie kosten Sie, außer Ihrer kostbaren Zeit, zumindest erst einmal kein Geld. Und das würden Sie ja sicher lieber ausschließlich für den Kauf Ihres eigenen Heims verwenden. Prüfen Sie bei den angebotenen Objekten gründlich alle Angaben wie Exposés, Fotos oder Pläne, fragen Sie bei Unklarheiten gerne beim Anbieter nach, denn nichts ist nerviger als ein „unnötiger" Besichtigungstermin, weil sich herausstellt, dass die Angaben zum Objekt der Realität nicht standhalten.

Lassen Sie mich nunmehr zu einer Möglichkeit kommen, die zwar Ihren Geldbeutel beansprucht, Ihnen jedoch die bislang beschriebene und zeitaufwendige Eigenrecherche erspart – den Immobilienmakler. Die Damen und Herren ihrer Zunft sind gleichermaßen hilfreich wie umstritten, sicher nicht zuletzt dank der nicht geringen Zahl an schwarzen Schafen, die sich in diesem „Haifischbecken" tummeln. Leider ist Immobilienmakler in Deutschland weder ein geschützter Beruf noch braucht es zur Ausführung dieses Gewerbes einer einschlägigen

Prüfung oder eines Nachweises fundierter Kenntnisse. Auch hier hilft eine Nachfrage bei der zuständigen IHK oder eine Recherche im Internet. Dort finden Sie sehr leicht Bewertungen zu den schwarzen Schafen dieser Zunft.

Um aber eine Lanze für diese Branche zu brechen, ein guter Immobilienmakler ist durchaus eine Hilfe beim Finden der passenden Immobilie. Dies hat zum einen den Grund, dass ein Makler über ganz andere Kontakte verfügt und somit eventuell an Objekte kommen kann, die „offiziell" gar nicht auf dem Markt sind. Und darüber hinaus ist natürlich ein unschätzbarer Vorteil, den das Einschalten eines Maklers mit sich bringt, die Zeitersparnis. Er sucht nach Ihren Vorgaben nach einem passenden Objekt, er vereinbart in Abstimmung mit Ihnen die Besichtigung und kann sich bei entsprechender Vereinbarung auch um die Beschaffung nötiger Unterlagen kümmern. Welche das sind, darauf werde ich im Kapitel „Besichtigung" genauer eingehen. Bei der Ausgestaltung der Auftragserteilung, also dem Maklervertrag, gilt es, gut zu überlegen, in welchem Umfang Sie den Makler mit Diensten beauftragen. In aller Regel wird der Makler versuchen, einen sogenannten

„Makler-Alleinauftrag" mit Ihnen zu vereinbaren. Dies bedeutet im Klartext, dass Sie keinen weiteren Makler beauftragen dürfen. Zwar wird er sich bei einer derartigen Auftragsbindung bemühen, erfolgreich zu sein, um sein Erfolgshonorar zu erzielen, allerdings verlieren Sie auch sehr viel Zeit, wenn er, aus welchen Gründen auch immer, erfolglos bleibt. Es sollte nach Möglichkeit keine Bindung an einen Makler über einen Zeitraum von mehr als 6 Monaten vereinbart werden, um sich bei Erfolglosigkeit umorientieren zu können. Bedenken Sie aber, dass aufgrund des seit Längerem anhaltend niedrigen Zinsniveaus ein sehr geringes Angebot auf dem Markt verfügbar ist, es also auch für den Fachmann nicht einfach ist, fündig zu werden.

Ganz wichtig:

Die vereinbarte Maklerprovision ist IMMER erfolgs-
abhängig, sie fällt also nur bei einer durch den Makler zustande gekommenen Vermittlung eines Objektes und bei Abschluss eines Kaufvertrages an. Sollte
keine Objektvermittlung erfolgt sein, so kann der
Makler lediglich eine Entschädigung für seine Auf-
wendungen wie Werbung, Porto, Telefon u. Ä. verlangen. Diese müssen jedoch detailliert nachgewie-
sen werden.

Eine weitere Möglichkeit der Suche nach einem passenden Haus oder Grundstück ist das Studium der
Inserate in der lokalen Presse. Auch hier werden Sie
sowohl private als auch gewerbliche Angebote finden und leider kann es Ihnen passieren, dass die gewerblichen Anbieter Sie lediglich „locken" wollen,
also das inserierte Objekt entweder nie existiert hat
oder schon verkauft wurde, er Sie demnach lediglich
als Kunden gewinnen will, um Sie dann an sich zu
binden. Nichtsdestotrotz sollten Sie diese Möglichkeit nicht außer Acht lassen. Darüber hinaus lohnt
sich auch ein Blick auf die Aushänge von Kunden am
„schwarzen Brett" von Supermärkten und

Einkaufszentren, auch wenn die Erfolgsaussichten sicher eher gering sind. Aber was soll's, der Zeitverlust hält sich in Grenzen, einkaufen müssen Sie ja so oder so.

Ein probates Mittel ist es auch, Freunde, Bekannte oder Arbeitskollegen anzusprechen. Tun Sie Ihr Vorhaben zum Kauf einer Immobilie kund und bitten Sie darum, Augen und Ohren offen zu halten. Wenn Sie nicht gerade unbeliebt sind, dann wird man Ihnen diesen Gefallen gerne tun.

Da Sie sich ja einen oder mehrere Standorte auserkoren haben, bietet sich natürlich die Möglichkeit, dort selbst mit Aushängen auf Ihre Suche aufmerksam zu machen. Ich rate Ihnen jedoch eher zum direkten „Angriff". Wie wäre es denn, wenn Sie an einem Samstag oder Sonntag nachmittags einmal einen Spaziergang durch die von Ihnen bevorzugte Siedlung bzw. durch das gewünschte Wohngebiet machen. Sie werden dort ganz sicher den einen oder anderen in seinem Garten antreffen denn, das werden Sie, wenn Sie erst einmal stolzer Besitzer einer Immobilie sind, schnell feststellen, am und ums Haus gibt es immer etwas zu tun. Mit einer netten Ansprache, in der Sie das Häuschen und die Siedlung loben, werden Sie zumeist leicht in ein Gespräch kommen. Dabei können Sie dann vorsichtig versuchen, herauszufinden, ob ein eventuell zum Verkauf stehendes Objekt bekannt ist. Loben Sie die Gegend ruhig über den grünen Klee, natürlich ohne zu sehr zu übertreiben, und sagen Sie, wie sehr und gut Sie sich vorstellen könnten, dort auch heimisch zu werden. Auch wenn die Erfolgsaussichten sicher leider überschaubar sind, kann es ja nicht schaden, und Sie haben zumindest einen schönen Spaziergang gemacht. Und falls wirklich ein Objekt gerade dort zum Verkauf steht, können Sie bei dieser Gelegenheit versuchen, ein wenig über die Nachbarn herauszubekommen. Nichts ist schlimmer, als wenn das Haus deswegen verkauft wird, weil der Nachbar ein komischer Kauz oder gar ein Tyrann ist.

Nutzen Sie alle sich bietenden Möglichkeiten, um so schnell wie möglich an ein passendes Objekt zu kommen. Alle privaten Bemühungen sind auch dann legitim, wenn Sie einen Makler exklusiv beauftragt haben! Sie dürfen lediglich keinen weiteren Makler beauftragen.

Die Besichtigung

Nun gehen wir einmal von dem positiven Fall aus, Ihre Bemühungen waren erfolgreich und Sie haben ein passendes Objekt gefunden. Dann geht es im Weiteren um die Objektbesichtigung und um die Frage, was Sie dabei beachten sollten, besser gesagt, unbedingt beachten müssen. Zunächst einmal der erste wichtige Rat, den Sie befolgen sollten: Planen Sie ausreichend Zeit ein und lassen Sie sich auf gar keinen Fall in irgendeiner Weise drängen. Sicher sind Verkäufer, und leider auch so mancher Makler, der Meinung, sie könnten Sie aufgrund der wenigen am Markt zur Verfügung stehenden Objekte zu schnellen Entscheidungen drängen. Aber bitte lassen Sie sich nicht von

Ansagen wie, „es gibt viele Interessenten für dieses Objekt, Sie sollten sich schnell entscheiden", beeinflussen. Noch einmal der dringende Hinweis: Sie sind im Begriff, eine sehr weit in die Zukunft reichende Entscheidung zu treffen, bei der es darüber hinaus um nicht wenig Geld geht, das Sie zu investieren gedenken. Sie sollten also die Risiken gut abwägen, ein Objekt nicht zu bekommen oder Mängel und andere Widrigkeiten zu übersehen und später die, im Zweifel sehr weitreichenden, Konsequenzen tragen zu müssen.

> Prüfen Sie unbedingt alle relevanten Daten und Angaben zu dem angebotenen Objekt und lassen Sie sich dafür die nötige Zeit. Lassen Sie sich keinesfalls zu einer Entscheidung drängen, auch wenn das bedeuten kann, das Sie den Zuschlag für das Objekt nicht erhalten!

Zunächst sollten möglichst vor, spätestens aber zur Besichtigung die wichtigsten Unterlagen vorliegen:

DER AUSZUG AUS DEM KATASTER

Dies ist ein auf Vermessungen beruhendes Verzeichnis von Grundstücken und Parzellen und gibt einen genauen Überblick über den Verlauf der Grundstücksgrenzen. Darüber hinaus dient es der genauen Bezeichnung des Grundstücks, das Sie dann mit dem Kaufvertrag erwerben.

DER AUSZUG AUS DEM GRUNDBUCH

Dort sind, grob gesagt, alle relevanten Informationen über das Grundstück/Objekt eingetragen. Dazu zählen die Angaben zum Grundstück, also die Angaben aus dem Kataster (Flurstücknummer und Gemarkung – also Angaben dazu, um welches Grundstück es sich genau handelt, zu den Besitzverhältnissen, also wer der oder die Eigentümer des Grundstücks/Objektes sind, und nicht zuletzt Angaben zu möglichen Belastungen, die auf dem Grundstück liegen. Dies sind u. a. Grundschulden, Eintragungen über Hypotheken und andere finanzielle Lasten sowie eventuelle Rechte Dritter an dem Objekt. Rechte Dritter können z. B. ein gewährtes Wohnrecht zugunsten einer dritten Person sein, die nicht als Eigentümer eingetragen sind. Dies würde dann beispielsweise eine Eigennutzung durch Sie als Käufer unmöglich machen).

GRUNDRISSE

Nach Möglichkeit ein detaillierter Grundriss des Gebäudes, möglichst mit solchen wichtigen Angaben wie tragenden Mauern. Je genauer diese Unterlagen sind, umso besser, ganz besonders natürlich bei älteren Gebäuden.

All diese Unterlagen benötigen Sie dann auch später bei der Bank, wenn es um die konkrete Finanzierung geht. Natürlich benötigt diese Unterlagen auch der beurkundende Notar. Darauf werde ich dann auch noch einmal eingehen, wenn es um die Kaufabwicklung und Übergabe der Immobilie geht.

Lassen Sie mich nun zur eigentlichen Besichtigung der Immobilie kommen und dabei gleich zu einem sehr wichtigen Hinweis, den Sie bitte unbedingt befolgen!

Planen Sie ausreichend Zeit ein! So eine Besichtigung ist nichts, was Sie einmal eben so nebenbei machen sollten. Und fast noch wichtiger: Besichtigen Sie die Immobilie IMMER bei Tageslicht!

Nur so werden Sie Schäden und Fehler am und im Haus erkennen können, und davon kann es, wie ich ja schon weiter vorn beschrieben habe, so einige geben – seien es Schäden am Mauerwerk, Anzeichen für Nässe und damit die Gefahr von Schimmel oder andere Auffälligkeiten, die Sie sich nicht erklären können. Und bitte benutzen Sie neben den Augen auch den Geruchssinn, besonders Schimmel lässt sich oft schon riechen, achten Sie also auf modrigen Geruch. Und natürlich sollten Sie auch Ihr Mundwerk reichlich gebrauchen.

Fragen Sie ruhig Löcher in den Bauch des Verkäufers oder Maklers, denn wenn dieser nichts zu verbergen hat, wird er Ihnen auch bereitwillig alle Fragen beantworten. Hören Sie dabei auch zwischen die Zeilen, also auf Aussagen und Angaben, die offensichtlich nicht so recht zueinander passen wollen. Nehmen Sie, wenn Sie sich keinen Sachverständigen leisten wollen, zumindest jemanden mit, der handwerklich bewandert ist und somit Dinge sieht, die Ihnen nicht auffallen werden. Machen Sie sich bei der Besichtigung ein genaues Bild über die Immobilie, machen Sie sich so viele Notizen wie möglich über z. B. verbaute Materialien, den sichtbaren Zustand der Haustechnik, wie z. B. Strom, und auch über die Heizungsanlage. Notieren Sie sich alles so genau wie möglich, so können Sie die Besichtigung später in aller Ruhe noch einmal Revue passieren lassen. Viele Sachen fallen einem erst später auf, das ist völlig normal.

Nochmal: Es ist eine sehr weitreichende Entscheidung! Und nicht zu vergessen, machen Sie so viele Fotos wie möglich, das kann Ihnen zuhause dazu dienen, die Besichtigung quasi noch einmal in aller Ruhe nach zu erleben. Es ist zu erwarten, dass sich im Nachgang der Besichtigung noch jede Menge Fragen ergeben. Vereinbaren Sie deshalb am besten noch während der ersten Besichtigung einen zweiten Termin, bei dem dann etwaige Fragen und/oder Unklarheiten besprochen werden können, und glauben Sie mir ruhig, diese werden ganz bestimmt auftreten. Machen Sie sich eine detaillierte Aufstellung über die offenen Fragen, die Sie bei einer zweiten

Besichtigung noch klären wollen, um nichts zu vergessen. Nicht zuletzt sollten Sie sich einen Überblick über die energetischen Eigenschaften der Immobilie verschaffen, also über die Frage der Wärmedämmung und damit verbunden eventuelle Energieverluste. Das wichtige Zauberwort in diesem Zusammenhang heißt Energieausweis, gewissermaßen der Steckbrief Ihrer künftigen Immobilie und ein Hinweis darauf, was Sie gegebenenfalls in naher Zukunft an Investitionen erwarten können. Sie als Käufer haben das Recht, im Vorfeld des Kaufes Einsicht in dieses Dokument zu nehmen, da es für den Verkäufer verpflichtend ist, Ihnen diesen vorzulegen.

Die Ausstellung des Energieausweises darf nicht länger als 10 Jahre zurückliegen, andernfalls fordern Sie den Verkäufer zur Vorlage eines aktualisierten Ausweises auf, er ist dazu verpflichtet. Vereinfacht gesagt gibt der Energieausweis Auskunft über wesentliche Eigenschaften der Immobilie im Hinblick auf den Energieverbrauch, also letztlich über die Effizienz der Heizungsanlage und über die Wärmedämmung. Sollten sich hieraus Empfehlungen für eine Erneuerung der Wärmedämmung oder der Heizungsanlage ergeben, ist dies natürlich auch wichtig

für Ihren Spielraum bezüglich des Kaufpreises für die Immobilie und natürlich auch für die Finanzierung. Da die Angaben im Energieausweis sehr umfangreich sind, finden Sie einen detaillierten Überblick unter anderem bei den Verbraucherzentralen. Gegebenenfalls kann auch eine Einsicht in den Bebauungsplan interessant sein, um sich einen Überblick darüber zu verschaffen, was am Standort Ihrer künftigen Immobilie baulich zulässig ist oder eben auch nicht.

Zusammenfassend sollte Folgendes im Vorfeld geklärt/eingesehen werden:

- Eigentumsverhältnisse
- Grundstückseigenschaften (Grundstücksgrenzen, evtl. Altlasten u. Ä.)
- baulicher Allgemeinzustand
- Grundriss und evtl. Bauzeichnungen
- Energieausweis

Die Baufinanzierung

Sie haben nun, idealerweise, ein passendes Objekt gefunden, alle offenen Fragen zur Immobilie geklärt und alle Unterlagen gründlich geprüft oder fachmännisch prüfen lassen. Dann ist es Zeit für den nächsten Schritt – die Finanzierung Ihres künftigen trauten Heimes.

Zunächst muss ich Ihnen leider jede Illusion nehmen – es wird kein Spaziergang und vielleicht sogar der schwerste Teil des Unternehmens Hauskauf. Ich möchte versuchen, Ihnen einen kleinen Überblick über die verschiedenen Arten und Möglichkeiten einer Finanzierung aufzuzeigen, aber vor allem auch die Vor- und Nachteile der möglichen

Finanzierungsarten sowie die Fallstricke, die da gegebenenfalls lauern können.

Grundsätzlich erst einmal zu der Frage, mit wem Sie sich über Ihre Finanzierung unterhalten können und, um möglichst alle Varianten ausloten zu können, auch unterhalten sollten. Da bieten sich natürlich zunächst einmal auch hier diverse Internetplattformen wie Interhyp oder Dr. Klein an, um nur zwei zu erwähnen, oder natürlich auch die Seiten der Verbraucherzentralen. Hier können Sie sich einen ersten Überblick verschaffen. Generell rate ich jedoch dazu, sich in persönlichen Gesprächen beraten zu lassen. Als erster Anlaufpunkt empfiehlt sich da natürlich die eigene Hausbank, die Berater von Bausparkassen, aber durchaus auch ein Gespräch mit einem Kreditvermittler. Besonders wichtig ist es dabei, sich zunächst einen Plan zu machen, welche Institutionen Sie in welcher Reihenfolge ansprechen. Zudem sollten Sie sich bei den Gesprächen so viel Informationsmaterial wie möglich mitgeben lassen und sich auch selbst Notizen machen. Natürlich sollten Sie keine Scheu davor haben, nachzufragen, wenn Sie etwas nicht verstehen! Auch wenn Ihr Gegenüber Ihnen den Eindruck vermitteln möchte, dass Sie derjenige sind, der von ihm etwas will – seien Sie sich darüber im Klaren, dass Banken, Bausparkassen und Kreditvermittler ihr Geld damit verdienen, Ihnen eine Finanzierung zu ermöglichen, Sie müssen sich also durchaus nicht als Bittsteller fühlen und Sie sollten auch durchaus darstellen, dass Sie sich dessen bewusst sind! Natürlich hängt der Erfolg dieser Gespräche ganz erheblich von Ihren finanziellen Voraussetzungen ab, jedoch gehe ich einmal davon aus, dass Sie im Kapitel 3 bereits diese finanziellen Möglichkeiten abgewogen haben und zu einem positiven Ergebnis gekommen sind.

Sie werden sehr schnell feststellen, dass die Konditionen, die Ihnen besonders von Ihrer Hausbank angeboten werden, nicht unbedingt mit etwaigen Werbeangeboten konform gehen. Dies liegt ganz einfach an der Tatsache, dass diese „Superangebote" von idealen Voraussetzungen bezüglich der Liquidität ausgehen, welche jedoch in den seltensten Fällen vorliegen werden. Ihre Liquidität hängt von verschiedenen Faktoren ab:

- Die Höhe des zur Verfügung stehenden Eigenkapitals
- Ihr Score (Angabe über Ihre Kreditwürdigkeit) bei der Schufa
- Die gewünschte Laufzeit der Finanzierung
- Die gewünschte Dauer der Zinsbindung

Eine Finanzierung ist generell auch ohne oder mit geringem Eigenkapital möglich, allerdings werden dann die Zinskonditionen sehr viel schlechter sein als bei ausreichendem Eigenkapital. Eine Finanzierung zu 100 %, also ohne Eigenkapital, ist grundsätzlich nicht anzuraten! Zumindest die Erwerbsnebenkosten (Grunderwerbssteuer, Notar, Maklercourtage) sollten in jedem Fall aus Eigenmitteln bestritten werden können. Die Höhe dieser Nebenkosten ist von Bundesland zu Bundesland unterschiedlich, Sie müssen jedoch mit circa 15 bis 20 % rechnen. Natürlich ist ein höherer Anteil des Eigenkapitals wünschenswert und trägt in aller Regel dazu bei, bessere Konditionen ausverhandeln zu können. Prinzipiell können Eigenmittel aus verschiedenen Quellen gespeist werden, also auch aus Bausparverträgen oder Lebensversicherungen. Letzteres ist jedoch nicht wirklich anzuraten, da solche Verträge besser als Sicherheit für unerwartete Ausgaben behalten werden, ich hatte bereits auf diese Problematik hingewiesen.

Beim Thema Versicherungen möchte ich die Gelegenheit nutzen, Sie auf einen wichtigen Aspekt hinzuweisen, das Thema Absicherung. In aller Regel wird das finanzierende Institut bereits einige solcher Absicherungen von Ihnen verlangen. Da ist zu aller erst die Gebäudeversicherung, also die Absicherung der Immobilie gegen Schäden wie Brand, Vandalismus oder Elementarschäden. Schließlich möchte Ihr Finanzierer sicherstellen, dass der Gegenwert der Finanzierung auch bis zum Ende abgesichert ist.

Darüber hinaus sollte aber auch eine entsprechende Gebäudehaftpflichtversicherung vorhanden sein. In aller Regel wird man Ihnen eine Restschuld- oder auch Ratenschutzversicherung anbieten. Diese ist jedoch ausdrücklich nicht zu empfehlen, da diese zumeist sehr teuer ist und viele Ausschlussklauseln enthält, also im Zweifel gar nicht greift. Zudem sind die Konditionen für eine solche Versicherung sehr undurchsichtig und können den tatsächlichen

Zinssatz gegebenenfalls sogar verdoppeln. Besser ist es, die Finanzierung mit einer gewissen Flexibilität zu gestalten, also die Möglichkeit von Ratenpausen, aber auch von Einmal- oder Sonderzahlungen in den Vertrag aufzunehmen. So behalten Sie sich die Freiheit, unter bestimmten Voraussetzungen (Krankheit, Arbeitslosigkeit) und festgelegter Dauer (zumeist maximal für ein halbes Jahr) die Zahlung auszusetzen oder aber auch ungeplant zur Verfügung stehende Geldmittel für Tilgungen außerhalb der Raten zu verwenden. Dies würde dann die Laufzeit Ihrer Finanzierung verkürzen.

Eine geradezu unerlässliche Absicherung möchte ich Ihnen jedoch noch anraten, die Absicherung für den (hoffentlich nicht eintretenden) Todesfall. Hierbei spreche ich ausdrücklich nicht von einer klassischen Kapitallebensversicherung, sondern von der sogenannten Risikolebensversicherung, die, wie der Name schon erwarten lässt, lediglich das Risiko des Todesfalls absichert. Dadurch sind sowohl Ihr Partner als auch Ihre Erben (Kinder, Enkel) nicht in der Gefahr, neben dem Schmerz des menschlichen Verlustes dann auch noch den der Immobilie durch Zusammenbruch der Finanzierung und der damit einhergehenden Zwangsveräußerung zu riskieren.

> **Wichtig:**
> Lassen Sie sich zu allen Fragen bezüglich Ihrer Absicherung sowie zu der Absicherung rund um Ihre Immobilie unbedingt fachlich beraten! Dies ist in aller Regel nicht kostenfrei möglich, kann Sie aber vor bösen Überraschungen und den damit einhergehenden finanziellen Schäden schützen!

Lassen Sie uns nun zu den verschiedenen Arten und Möglichkeiten einer Finanzierung kommen. Sehr oft wird es Ihnen passieren, dass im Zusammenhang mit Ihrer Finanzierung vom Bausparen die Rede ist. Nicht nur Banken, die oft eigene Bausparkassen betreiben, bieten sehr gerne eine Finanzierung über einen Bausparvertrag an, auch Finanzvermittler haben diese Art der Finanzierung im Angebot. Dies ist jedoch nicht verwunderlich, versprechen doch Bausparverträge sehr ordentliche Provisionen. Nur kann es ja nicht in Ihrem Interesse liegen, die Taschen anderer zu füllen. Was Sie wollen, ist Ihr eigener Vorteil, also einfach gesagt eine günstige und einfache Finanzierung! Und genau diese beiden

Eigenschaften bietet eben eine Bausparfinanzierung nicht. Die recht hohen Provisionen hatte ich ja bereits angesprochen. Darüber hinaus erscheinen die reinen Zinssätze zwar zunächst sehr günstig, nach Einbeziehung aller damit verbundenen Kosten ist eine sogenannte Bauspar-Sofortfinanzierung jedoch zumeist teurer als ein normaler Bankkredit. Und nicht zuletzt sind diese Bausparfinanzierungen unnötig kompliziert und recht wenig transparent für den Kunden. Sollte jedoch bereits ein Bausparvertrag vorhanden sein, dann macht es selbstverständlich Sinn, diesen, nach genauer Beratung, in die Finanzierung mit einzubeziehen.

Lassen Sie sich IMMER ganz genau erklären, warum man Ihnen eine bestimmte Finanzierungsart anbietet, worin genau die Vorteile liegen und welche Nachteile entstehen könnten!

Die übersichtlichste und auch am meisten zur Anwendung kommende Finanzierung ist das sogenannte Annuitätendarlehen. Dieser Begriff wird Ihnen im Zweifel zunächst nicht viel oder gar nichts sagen, weshalb ich Ihnen gerne erläutern möchte, was sich dahinter verbirgt.

Grundsatz eines solchen Darlehens ist die Tatsache, dass die monatliche Rate über die gesamte Laufzeit gleichbleibt, dies nennt man Annuität und gibt dieser Finanzierungsform ihren Namen. Was bedeutet das denn nun im Einzelnen?

Die monatlichen Zahlungen für ein Annuitätendarlehen setzen sich aus zwei Komponenten zusammen, der Zinszahlung auf der einen Seite und der Tilgungszahlung auf der anderen Seite. Während, wie schon bemerkt, die Höhe der monatlichen Zahlungen über die gesamte Laufzeit unverändert bleibt, verändert sich innerhalb dieses monatlichen Betrages das Verhältnis zwischen Zins- und Tilgungsanteil. Dazu sollte man verstehen, dass sich die monatlichen Zahlungen mindernd auf die noch zu tilgende (noch zurückzuzahlende) Summe in der Weise auswirkt, dass sich diese stetig verringert, Sie also neben den Zinsen auch nach und nach die Schuldsumme abtragen. Da sich die Höhe, genauer gesagt der Anteil, der Zinszahlung am monatlichen zu zahlenden Betrag nach der Höhe der noch verbleibenden Schuldsumme bemisst, verschiebt sich allmählich das Verhältnis zwischen Zins- und

Tilgungsanteil. Da also mit jeder geleisteten Zahlung die zu verzinsende Summe geringer wird, sinkt somit auch die tatsächliche Zinszahlung. Da jedoch die Höhe der monatlichen Zahlungen konstant bleibt, bedeutet dies vereinfacht Folgendes: Während sich der Zinsanteil kontinuierlich verringert, erhöht sich im gleichen Verhältnis der Anteil, der in die Tilgung der Schuldsumme fließt. Wie hoch genau der anfängliche Anteil der Tilgung liegen sollte, ist natürlich abhängig von der gewünschten/geplanten Laufzeit. Es ist jedoch anzuraten, eine anfängliche Tilgung in Höhe von 2 % zu wählen. Bedenken Sie bei diesen Überlegungen, dass sich bei längerer Laufzeit auch die Kosten (Zinsen) erhöhen! Darüber hinaus gilt grundsätzlich: Gestalten Sie die Laufzeit Ihrer Finanzierung in jedem Fall so, dass diese spätestens mit Eintritt in die Rente restlos getilgt ist.

Auf eines ist noch hinzuweisen: Die gesamte Laufzeit der Finanzierung wird sich immer in kleinere Zeiträume der Zinsbindung aufteilen. Diese Zeiträume erstrecken sich im Normalfall jeweils über 10 bis 15 Jahre. Wie lange man den Zeitraum einer Zinsbindung wählt, hängt im Wesentlichen vom jeweils vorherrschenden Zinsniveau ab, das heißt, in Zeiten allgemein niedriger Zinsen sollte man diese natürlich für einen längeren Zeitraum festschreiben lassen, bei eher hohem Zinsniveau dann natürlich entsprechend für einen kürzeren Zeitraum. Bedenken Sie jedoch, dass eine kurze Laufzeit auch eine geringere Planungssicherheit für den Ablauf (gesamte Tilgung) bedeutet, sich also nicht genau sagen lässt, wie lange Sie für Ihre eigenen vier Wände abbezahlen müssen.

Was ist zu beachten, wenn es auf das Ende der Zinsbindung zugeht? Zunächst einmal ist ganz klar festzustellen, dass Sie bei Ihrer Anschlussfinanzierung durchaus nicht an ein Angebot Ihrer Bank oder Ihres Finanzierers gebunden sind, von der/dem Sie die erste Finanzierung erhalten haben. Beginnen Sie möglichst frühzeitig, also spätestens ein halbes Jahr vor Ende der Zinsbindung, damit, sich entsprechende Angebote einzuholen. Gehen Sie auch hier genauso vor wie bei der ersten Finanzierung, beginnen Sie also üblicherweise bei Ihrer Hausbank, über die Vorteile habe ich ja bereits an anderer Stelle informiert. Kann oder will Ihnen die Hausbank kein für Sie passendes Angebot unterbreiten, wenden Sie sich an private Kreditvermittler. Im Übrigen bieten

auch Versicherungen den Service der Baufinanzierung an.

Wenn Sie, was durchaus keine Schande ist, selbst keinen wirklichen Überblick über die aktuellen Konditionen am Kapitalmarkt haben, empfehle ich Ihnen, sich auf den diversen Immobilien- und Finanzierungs- oder auch Vergleichsportalen wie Check24 oder Verivox einen ersten Überblick zu verschaffen. Den Abschluss einer Anschlussfinanzierung direkt über eines dieser Vergleichsportale möchte ich Ihnen jedoch nicht empfehlen, zumindest dann nicht, wenn Sie in diesem Bereich nicht wirklich firm sind. Bedenken Sie bitte immer wieder, es handelt sich um ein sehr komplexes Thema mit sehr weitreichenden und im Zweifel sehr einschneidenden Konsequenzen. Wenden Sie sich stattdessen besser an einen unabhängigen Finanzierungsberater. Dieser wird seine Dienste sicher nicht zum Nulltarif anbieten, aber im Gegensatz zu einem möglicherweise auftretenden finanziellen Schaden durch mangelnde oder gar nicht in Anspruch genommene Beratung sind diese Kosten überschaubar und auch durchaus vertretbar. Sollten Sie ein günstiges Angebot von einem anderen Anbieter als Ihrer Hausbank erhalten, sollten Sie trotzdem noch einmal mit Ihrer Bank sprechen, denn gegebenenfalls ist diese ja bereit, Ihnen diese Konditionen ebenfalls anzubieten. Noch einmal der wichtige Hinweis: Es ist das Geschäft dieser Anbieter, Geld zu verleihen UND sie verdienen ihr Geld mit diesem Geschäft, also bitte keine falsche Scheu! Und ganz wichtig: Eine Umschuldung ist in jedem Fall gebührenfrei, Sie müssen sich also darüber keine Sorgen machen.

Sehr gerne möchte ich Ihnen jetzt noch eine Möglichkeit vorstellen, mit der Sie günstige Zinsen schon vor Ablauf der Zinsbindung in die Anschlussfinanzierung „retten", also vorfristig festschreiben lassen können. Diese Art der Finanzierung nennt sich Forward-Darlehen. Forward ist der englische Begriff für vorwärts oder künftig, Sie sichern sich also die günstigen Zinsen in Zeiten einer Niedrigzinsphase für künftige Zeiten von wieder steigenden Zinsen. Bei dieser Art der Finanzierung können Sie 6 bis zum Teil 12 Monate (teilweise aber auch längere Zeiträume) im Voraus die Konditionen festschreiben lassen und erhalten somit nicht nur planerische Sicherheit über den weiteren Verlauf Ihrer Finanzierung, sondern, im besten Fall, auch günstigere

Zinsen, obwohl zum Zeitpunkt der Ausreichung diese wieder angestiegen sind.

Aber sicher kennen auch Sie den Ausspruch „kein Vorteil ohne Nachteil". Ja, auch hier können Nachteile auftreten, und diese sollen Sie natürlich auch erfahren. Zum einen ist da die Tatsache, dass für die Dauer bis zur Ausreichung des Darlehens ein geringer Zinsaufschlag verlangt wird. Dadurch entsteht natürlich eine Differenz zu Ihrer aktuellen Finanzierung und es ist zu bedenken, dass diese Differenz umso größer ist, je länger im Voraus Sie so ein Darlehen abschließen.

Allerdings betragen diese Zinsaufschläge zumeist nicht mehr als 0,5 %, sie sind also durchaus überschaubar. Ebenfalls zu bedenken ist die unumstößliche Tatsache, dass Sie letztendlich eine „Wette" auf die Zukunft abschließen, also auf die Entwicklung der Zinsen in den kommenden Jahren. Natürlich können Experten (wobei wir also wieder bei dem Thema sind, dass sich das Einschalten eines solchen Experten zumeist lohnt!) etwaige zu erwartende Entwicklungen recht genau vorhersagen. Aber es bleiben natürlich immer Unwägbarkeiten wie Wirtschafts- oder Finanzkrisen, Pandemien wie

Corona oder aber Änderungen in gesetzlichen Vorgaben. So sind Banken unbedingt an die Vorgaben des Leitzinses der Europäischen Zentralbank gebunden und diese sind nicht immer wirklich zuverlässig prognostizierbar.

Dies wäre dann ein im Zweifel nicht ganz unerheblicher Nachteil für Ihre Anschlussfinanzierung, denn Sie sind nach Abschluss eines solchen Darlehens an dieses gebunden. Eine Entscheidung für ein Forward-Darlehen, und darüber, wie lange Sie das vor Ablauf Ihrer laufenden Finanzierung abschließen, sollte daher gut bedacht werden. Sollten Sie dennoch, weil sich zum Beispiel die Lebensumstände verändert haben, dieses Darlehen nicht annehmen können oder wollen, gibt es eine Möglichkeit, von dem Vertrag zurückzutreten. Allerdings muss man leider sagen, dass die Bank dafür eine sogenannte Nichtabnahmeentschädigung verlangt. In aller Regel ist diese, ich nenne Sie nicht umsonst „Strafgebühr", so hoch, dass ein Wechsel zu einer günstigeren Finanzierung sich eher nicht lohnen wird. Dies ist jedoch im einzelnen Fall genau zu prüfen.

Es gibt aber auch eine gute Nachricht: Es gibt

durchaus eine Möglichkeit, aus einem bestehenden Vertrag, besonders bei der Anschlussfinanzierung, wieder herauszukommen. Ein wichtiges Instrument dafür ist eine unzureichende oder gar fehlende Widerrufsbelehrung. Ist eine solche Belehrung fehlerhaft oder fehlt diese völlig, dann beginnt die Widerrufsfrist nicht, zu laufen. Dies bedeutet im Klartext, dass Sie den Vertrag auch noch nach Jahren erfolgreich anfechten können. Zur Prüfung der Widerrufsbelehrung auf Ihre Rechtmäßigkeit müssen Sie nicht unbedingt einen Rechtsanwalt zurate ziehen, diese Frage kann Ihnen auch jede Verbraucherzentrale beantworten.

Sollte jedoch eine Anfechtung des Vertrages im Raume stehen, ist in jedem Fall zwingend ein Rechtsanwalt hinzuzuziehen. Dass eine Widerrufsbelehrung fehlerhaft ist, kann verschiedene Gründe haben. Ein sehr häufiger und erst seit geraumer Zeit relevanter Grund ist der sogenannte Kaskadenverweis. Dieser bedeutet vereinfacht dargestellt, dass der Beginn der Frist nicht allein aus dem Vertrag ersichtlich ist, ohne dass darüber hinaus noch das Bürgerliche Gesetzbuch einbezogen wird. Diese Praxis, lange Zeit vom Bundesgerichtshof als rechtens anerkannt, wurde vom EuGH (Europäischer Gerichtshof) als unrechtmäßig und somit unzulässig eingestuft. Deutsche Gerichte, bis in die höchsten Instanzen, sind an diese Entscheidung gebunden, da es sich um europäisches Recht handelt.

Weitere Gründe für eine Unwirksamkeit können auch fehlende, aber wichtige Hinweise sein. So zum Beispiel das Fehlen einer ordentlichen Postanschrift der Bank, also nicht nur die Angabe etwa eines Postfachs. Ebenfalls zur Unwirksamkeit führt, wenn eine Gebäudeversicherung Bestandteil des Vertrages ist, das Fehlen eines Hinweises auf diesen Umstand in der Widerrufsbelehrung. Sollten Sie den Vertrag also nicht wegen fehlender, sondern aufgrund des Verdachts auf eine fehlerhafte Belehrung anfechten und rückabwickeln wollen, dann empfiehlt sich unbedingt die Konsultation eines Fachanwalts für Verbraucherdarlehensrecht.

Zudem sind Banken seit dem 10. Juni 2010 verpflichtet, ein sogenanntes Beratungsprotokoll anzufertigen und Ihnen auch auszuhändigen. In diesem wird alles festgehalten, was die Bank Ihnen an Informationen (auch zu eventuellen Risiken) zur Verfügung gestellt hat. Anhand dieses Protokolls lässt sich später feststellen, ob die Beratung korrekt und ohne Fehler durchgeführt wurde oder ob sich gegebenenfalls daraus eine Anfechtung oder Nachverhandlung des Vertrages ergeben kann

Bitte beachten Sie diesen dringenden Hinweis:
Lassen Sie sich nicht auf den Kampf „David gegen Goliath" ohne rechtlichen Beistand ein!

Kommen wir nun zu einem sehr wichtigen Aspekt, den Sie bei der Wahl der finanzierenden Bank beachten sollten – die Bearbeitungszeit bis zur Bewilligung bzw. Bereitstellung der Finanzierung. Auch wenn ich Ihnen weiter oben geraten habe, sich niemals „treiben" zu lassen – und das gilt auch bei der Wahl der Finanzierung oder der Bank –, sollten Sie sich jedoch im Klaren darüber sein, dass Sie sich bei der Immobilie Ihrer Wahl nicht alleine bewerben. Somit ist es natürlich wichtig, dass Sie dem Makler oder Verkäufer eine Zusage für die Finanzierung vorlegen können. Ist dies nicht der Fall, könnte der Traum von der Wunschimmobilie platzen, weil andere Bewerber schneller eine Zusage ihrer Bank vorlegen können. Lassen Sie sich also, nachdem das

Budget im Wesentlichen festgelegt ist, eine Zusage von Ihrer Bank geben, dass dieses Budget dann bei Vorliegen eines entsprechenden finanzierbaren Objektes auch bereitgestellt wird.

Achten Sie bitte darauf, dass es sich um eine Vorzusage handelt und nicht bereits um eine konkrete Kreditzusage. Denn in letzterem Fall ist es durchaus möglich, dass ab dem Zeitpunkt der Zusage bereits Kosten anfallen, die sogenannten Bereitstellungszinsen. Diese Art der Zinsen kann aber auch auf Sie zukommen, wenn Sie bereits ein Objekt gefunden haben, der Kaufabschluss sich aber hinzieht. Dies kann verschiedene Ursachen haben, etwa fehlende Unterlagen oder noch vorhandene Unstimmigkeiten in der Vertragsgestaltung. Dann hat die Bank das Darlehen bereits zur Verfügung gestellt, dieses kann aber noch nicht aktiviert, also in den Bezahlstatus überführt werden. Da die Bank natürlich das Geld für Sie bereitstellt und damit nicht arbeiten (also Geld verdienen) kann, lässt Sie sich einen Ersatz dafür berechnen. Der Prozentsatz für Bereitstellungszinsen liegt oft bei 3 % und damit über dem effektiven Zinssatz, den Sie später für das Darlehen entrichten müssen.

Der Zeitraum, für den die Bank Ihnen das

Darlehen zur Verfügung stellt, bevor es zur Auszahlung kommt, sollte also möglichst kurzgehalten werden. Bei einer Anschlussfinanzierung besteht zudem die Möglichkeit der Bereitstellung ohne Zinszahlung für einen gewissen Zeitraum. Dieser ist je nach Anbieter ganz unterschiedlich und kann sich durchaus zwischen 1 und 12 Monaten bewegen. Dieser Aspekt sollte also unbedingt und gründlich in die Überlegungen bei der Wahl des Finanzierers mit einbezogen werden! Andernfalls kann aus einer vermeintlich günstigen Finanzierung schnell genau das Gegenteil werden.

Kommen wir nun zu einem Begriff im Bereich der Immobilienfinanzierung, der wichtig für Sie werden könnte – die sogenannte Vorfälligkeitsentschädigung. Sie wird immer dann fällig, wenn Sie Ihren Darlehensvertrag vorzeitig auflösen wollen oder müssen. Gründe dafür kann es viele geben, sei es, dass Sie sich aus beruflichen oder privaten Gründen örtlich verändern müssen oder dass es doch nicht die Traumimmobilie war oder die Wohngegend sich im Nachgang doch nicht so positiv darstellt, wie vorher gedacht. Wenn Sie nun Ihre Immobilie verkaufen wollen, müssen Sie sich wieder mit Ihrem

Finanzierer an einen Tisch setzen. Leider ist es fast nicht möglich, festzustellen, ob die jeweils von der Bank geforderte Entschädigung gerechtfertigt ist, sie beträgt jedoch immer mehrere Tausend Euro. Ob eine Vorfälligkeitsentschädigung in der geforderten Höhe berechtigt ist und ob eine Bank gar die vorzeitige Auflösung des Vertrages ablehnen kann, dazu gibt es lediglich Leitlinien des Bundesgerichtshofs. Diese hier näher zu behandeln, würde allerdings den Rahmen dieses Ratgebers sprengen. Hierzu empfiehlt es sich, den fachmännischen Rat, idealerweise eines Fachanwalts, einzuholen.

Wichtig:
Ohne eine Entschädigung gegenüber der Bank kommen Sie aus dem Vertrag, wenn er mindestens 10 Jahre plus einer Kündigungsfrist von 6 Monaten läuft.

Zum Schluss der Vollständigkeit halber noch der Hinweis auf die Möglichkeit eines sogenannten Disagios. Dies bedeutet, dass die Bank nicht die gesamte Darlehenssumme auszahlt, sich also einen Teil einbehält. Sie zahlen also einen Teil der Zinsen im Voraus! Sie erhalten von der Bank, als Ausgleich für die von Ihnen vorab gezahlten Zinsen, einen Abschlag (Verringerung) der laufenden Zinszahlungen und damit eine Verringerung der Monatsraten. Eine solche Finanzierungsform lohnt sich jedoch nur, wenn die laufenden Zinszahlungen deutlich geringer sind als bei einer Finanzierung ohne Disagio. Andernfalls wird eine Finanzierung mit Disagio durch die länger laufende Zinszahlung am Ende teurer als ein normales Annuitätendarlehen.

Der Kauf und die Übergabe

Wenn nun endlich alles sprichwörtlich „in trockenen Tüchern", also das passende Objekt gefunden ist, die Vertragsverhandlungen mit Käufer und/oder Makler positiv abgeschlossen sind und, nicht zuletzt, auch die passende Finanzierung ausverhandelt und abgeschlossen ist, kann es zum finalen Abschluss des Projektes Hauskauf gehen.

Hier greift nun ein weiterer Akteur ins Spiel ein – der Notar. Er sorgt für die gesamte und vor allem rechtssichere Abwicklung des Vertragsabschlusses, also für den Kauf des Hauses. Hierzu kommt jetzt mit dem Grundbuch zunächst einmal DAS wichtigste Dokument ins Spiel. Hierin sind alle notwendigen und wichtigen Angaben zur Immobilie enthalten, die ich hier kurz zusammenfassen möchte. Die Informationen im Grundbuch sind sehr umfangreich: Wer ist der Eigentümer der Immobilie? Wo genau verläuft die Grundstücksgrenze? Gibt es Rechte Dritter an der Immobilie?

Die Angaben zum Eigentümer sind selbstverständlich unerlässlich, denn daraus ergibt sich, dass Sie den Kaufvertrag auch wirklich mit dem zum Verkauf berechtigten Vertragspartner abschließen. Auch die genauen Angaben zum Objekt, wie Lage und Größe sowie der genaue Verlauf der Grundstücksgrenzen, sind elementar wichtig. Und nicht zuletzt die vorhandenen Einträge zu Rechten Dritter oder zu den auf dem Grundstück liegenden Lasten sind im Vorfeld genauestens zu prüfen. Rechte Dritter können zum Beispiel ein Wohnrecht zugunsten eines Dritten und auch ein sogenannter Nießbrauch sein. Beim Nießbrauch steht einem Dritten das Recht zu, über die Erträge der Immobilie zu verfügen oder aber über deren Umgang und Verwendung zu bestimmen. Bei Lasten handelt es sich in den meisten Fällen um Wegerechte zugunsten von Nachbarn.

Der Aufbau des Grundbuchs stellt sich folgendermaßen dar:

- **Aufschrift:**

Hier sind verwaltungstechnische Daten vermerkt, also Grundbuchblattnummer, von welchem Grundbuchamt es ausgestellt wurde und das Datum der Ausstellung

- **Bestandsverzeichnis:**

Hier werden die Flurstücke vermerkt, aus denen das Grundstück besteht, und auch die Nutzung des Grundstücks, also z. B. Wohnen oder Gewerbe

- **Erste Abteilung:**

Hier sind Angaben zu den aktuellen Eigentümern oder Erbbauberechtigten, aber auch zu den Voreigentümern aufgelistet

- **Zweite Abteilung:**

Hier finden sich Informationen zu Lasten oder Beschränkungen des Grundstücks, jedoch nur solche, die nicht in der Dritten Abteilung vermerkt sind, das ist z. B. die Auflassungsvormerkung (dazu später mehr)

> **• Dritte Abteilung:**
> Hier finden Sie die sogenannten Grundpfandrechte,
> also alle finanziellen Lasten, die auf dem Grundstück
> liegen, wie z. B. Hypotheken oder Grundschulden

Nun geht es zum eigentlichen Vertragsabschluss, also um den sogenannten Notarvertrag. Auch hier heißt es wieder, Gelassenheit zu bewahren und gründlich zu prüfen. Zwar sind Notare zur Sorgfalt verpflichtet, aber letztlich, und das ist wichtig, zu wissen, anders als Anwälte neutrale Institutionen. Im Klartext heißt das, der Notar beurkundet, natürlich im Rahmen des gesetzlich möglichen und zulässigen, lediglich das, was die Vertragspartner ausgehandelt haben. Sie kommen also nicht umhin, diesen Notarvertrag sorgfältig, quasi auf Herz und Nieren, zu prüfen. Dazu zählen nicht nur das konkrete Objekt und dessen verhandelter Kaufpreis, sondern auch so wichtige Dinge wie Angaben zum Zustand des Objekts, also bekannte Mängel und Schäden, aber auch Angaben dazu, wie mit nachträglich zutage tretenden (also vorher nicht bekannten) oder vom Verkäufer wissentlich verschwiegenen Mängeln umzugehen ist. Grundsätzlich gilt, lieber etwas zu viel in den Vertrag aufnehmen, als dass am Ende womöglich nach erfolgtem Abschluss Unklarheiten bleiben, die dann, fast schon zwangsläufig, zu Streit und damit, wieder mit Nerven und Kosten verbunden, zum Anwalt und/oder sogar vor Gericht führen. Sollten Möbel oder anderes Inventar mit übernommen werden, so sollte auch das explizit in den Vertrag aufgenommen werden, nicht zuletzt, weil das nicht nur den reinen Kaufpreis für die Immobilie mindert, sondern damit auch die anfallende Grunderwerbssteuer! Wenn alle Vertragspunkte korrekt formuliert, Sie diese auch mit allen dazugehörigen Konsequenzen verstanden haben und etwaige Änderungswünsche eingearbeitet wurden, folgt der Notartermin. Zu diesem Termin erfolgen die nochmalige Verlesung des Vertrages und das Unterschreiben durch die beiden Vertragspartner. Nun sind Sie neuer und hoffentlich glücklicher Besitzer der Immobilie.

Nach erfolgreichem Vertragsabschluss veranlasst der Notar die Eintragung des neuen Eigentümers in das Grundbuch. Da diese Eintragung bis zu einem halben Jahr dauern kann, gibt es die schon angesprochene Auflassungsvormerkung, also anders gesagt eine Reservierung der Immobilie und deren Eintragung in das Grundbuch. Erster Grund für diese Reservierung ist natürlich, zu verhindern, dass das Objekt womöglich noch einmal verkauft wird. Zum anderen benötigt Ihre Bank diese Eintragung im Grundbuch zur Freigabe Ihrer Finanzierung, also zur Auszahlung des finanzierten Betrages an den Verkäufer.

Achten Sie bitte unbedingt darauf, dass zwischen der schriftlichen und damit verbindlichen Finanzierungszusage der Bank und dem Notartermin nicht mehr als 14 Tage liegen. Dies ist für den (seltenen) Fall wichtig, dass der Notartermin platzt und es nicht zum Abschluss kommt. Denn dann vermeiden Sie es, auf dem Darlehensvertrag sitzen zu bleiben oder für die Rückabwicklung der Finanzierung Strafzinsen zahlen zu müssen! Sie können dann innerhalb der 14-tägigen Kündigungsfrist von dem Darlehensvertrag zurücktreten.

Und zu guter Letzt – spätestens jetzt ist der Moment gekommen, um sich um die Versicherungen zu kümmern. Es sollten jetzt alle unbedingt notwendigen Absicherungen abgeschlossen sein, sei es die Gebäudeversicherung, um Ihr neu erworbenes Eigentum gegen alle möglichen Widrigkeiten abzusichern, oder die Absicherung gegen etwaige Haftungsansprüche Dritter, die mit Ihrer Immobilie in Verbindung stehen. Diese sogenannte Grundbesitzer-Haftpflicht könnte bereits in Ihrer privaten Haftpflichtversicherung enthalten sein. Aber da Sie sicher meinem Rat gefolgt sind und sich zu Versicherungsfragen fachlichen Beistand zur Seite genommen haben, werden Sie all das ja bereits einer Prüfung unterzogen haben.

Und nun schlussendlich ... ganz herzlichen Glückwunsch, Sie haben es geschafft und ich wünsche Ihnen viel Freude mit Ihrem neuen und nun vor allem **eigenen Heim.**

Herstellung und Verlag:
BoD – Books on Demand, Norderstedt
ISBN: 9783751953603

1. Auflage
Kontakt: Psiana eCom UG/ Berumer Str. 44/ 26844 Jemgum
Covergestaltung: Fenna Larsson
Coverfoto: depositphotos.com